Ridha Azizi

Consommation d'Énergie dans les Réseaux de Capteurs Sans Fil

Ridha Azizi

Consommation d'Énergie dans les Réseaux de Capteurs Sans Fil

Étude Comparative et Expérimentale des Différents Protocoles de la Couche MAC

Éditions universitaires européennes

Impressum / Mentions légales

Bibliografische Information der Deutschen Nationalbibliothek: Die Deutsche Nationalbibliothek verzeichnet diese Publikation in der Deutschen Nationalbibliografie; detaillierte bibliografische Daten sind im Internet über http://dnb.d-nb.de abrufbar.
Alle in diesem Buch genannten Marken und Produktnamen unterliegen warenzeichen-, marken- oder patentrechtlichem Schutz bzw. sind Warenzeichen oder eingetragene Warenzeichen der jeweiligen Inhaber. Die Wiedergabe von Marken, Produktnamen, Gebrauchsnamen, Handelsnamen, Warenbezeichnungen u.s.w. in diesem Werk berechtigt auch ohne besondere Kennzeichnung nicht zu der Annahme, dass solche Namen im Sinne der Warenzeichen- und Markenschutzgesetzgebung als frei zu betrachten wären und daher von jedermann benutzt werden dürften.

Information bibliographique publiée par la Deutsche Nationalbibliothek: La Deutsche Nationalbibliothek inscrit cette publication à la Deutsche Nationalbibliografie; des données bibliographiques détaillées sont disponibles sur internet à l'adresse http://dnb.d-nb.de.
Toutes marques et noms de produits mentionnés dans ce livre demeurent sous la protection des marques, des marques déposées et des brevets, et sont des marques ou des marques déposées de leurs détenteurs respectifs. L'utilisation des marques, noms de produits, noms communs, noms commerciaux, descriptions de produits, etc, même sans qu'ils soient mentionnés de façon particulière dans ce livre ne signifie en aucune façon que ces noms peuvent être utilisés sans restriction à l'égard de la législation pour la protection des marques et des marques déposées et pourraient donc être utilisés par quiconque.

Coverbild / Photo de couverture: www.ingimage.com

Verlag / Editeur:
Éditions universitaires européennes
ist ein Imprint der / est une marque déposée de
OmniScriptum GmbH & Co. KG
Heinrich-Böcking-Str. 6-8, 66121 Saarbrücken, Deutschland / Allemagne
Email: info@editions-ue.com

Herstellung: siehe letzte Seite /
Impression: voir la dernière page
ISBN: 978-3-8416-7437-1

Copyright / Droit d'auteur © 2015 OmniScriptum GmbH & Co. KG
Alle Rechte vorbehalten. / Tous droits réservés. Saarbrücken 2015

Table des Matières

Liste des Figures

Introduction général

Depuis quelques années, Internet suscite un engouement croissant, tant dans les domaines de recherche, de l'éducation et celui des affaires. Ainsi, le nombre de personnes qui accèdent à Internet pour leurs travaux, leurs études ou leurs loisirs augmente considérablement, de même que les services offerts sur ce réseau (messagerie électronique, e-commerce, elearning, etc.). Cette diversité de services et d'utilisateurs est principalement due au fait qu'Internet regroupe un grand nombre de réseaux différents. De l'autre côté, l'essor des technologies sans fil offre aujourd'hui de nouvelles perspectives dans le domaine des télécommunications. En comparaison avec l'environnement filaire, l'environnement sans fils et l'informatique mobile gagne de plus en plus de popularité et les composants mobiles deviennent de plus en plus fréquents (PDA, laptops, handsets) qui permet aux utilisateurs une souplesse d'accès et une facilité de manipulation des informations à travers des unités de calcul mobiles (PC portable, PDA, capteur...).

Ceci a permis l'apparition d'un nouveau type de réseaux sans fils dans les années 1990, appelé réseaux de capteurs sans fil qui ont été le sujet de plusieurs recherches depuis quelques décennies, sont devenus des équipements clé dans les applications industrielles et scientifiques. En effet, ces systèmes sont en plein essor. Grâce aux évolutions dans le domaine des réseaux de capteurs et celui des processeurs, on peut imaginer des réseaux denses, sans fils, ayant pour rôles de récolter des données d'un environnement et de les diffuser au sein d'un réseau. Ainsi donc, un Réseau de Capteurs Sans Fil (RCSF) peut être défini comme étant un ensemble de dispositifs très petits, nommés nœuds capteurs, variant de quelques dizaines d'éléments à plusieurs milliers. Dans ces réseaux, chaque nœud est capable de surveiller son environnement et de réagir en cas de besoin en envoyant l'information collectée à un ou plusieurs points de collecte, à l'aide d'une connexion sans fil.

Les données captées par les nœuds sont acheminées grâce à un routage multi-saut à un nœud considéré comme un "point de collecte", appelé nœud-puits (ou sink). Ce dernier peut être connecté à l'utilisateur du réseau (via Internet, un satellite ou un autre système). L'usager peut adresser des requêtes aux autres nœuds du réseau, précisant le type de données requises et récolter les données environnementales captées par le biais du nœud puits.

Ces capteurs sont conçus pour fonctionner durant des mois voire des années. Cependant, l'autonomie de ces derniers est un inconvénient du point de vue durée de vie de ces systèmes puisqu'ils sont généralement alimentés par une source d'énergie irremplaçable et non renouvelable.

De là émane le besoin impérieux d'une bonne gestion de la consommation d'où Plusieurs travaux de recherche sont apparus avec un objectif : optimiser la consommation énergétique des nœuds à travers l'utilisation de techniques de conservation innovantes afin d'améliorer les performances du réseau, notamment la maximisation de sa durée de vie.

De façon générale, économiser l'énergie revient finalement à trouver le meilleur compromis entre les différentes activités consommatrices en énergie.

La communauté des chercheurs a proposé un grand nombre de protocoles à tous les niveaux, de la couche physique jusqu'à la couche application, ils se classent naturellement en deux catégories. La première classe de protocoles émane du domaine des réseaux ad hoc, mais l'application de ces protocoles aux réseaux de capteurs sans fil engendre, sans surprise, une complexité et des coûts énergétiques notoires. La deuxième classe de protocoles est propres aux réseaux de capteurs, ils sont souvent dirigés et élagués pour une application précise. Par conséquent, ils ne peuvent pas être appliqués et déployés de manière appropriée à tout contexte applicatif et nombre d'entre eux ont été largement déployés en raison des inconvénients liés aux problématiques de durabilité du réseau. Afin de prolonger la durée de vie du réseau, des protocoles tenant compte de l'efficacité énergétique sont nécessaires.

Dans ce cadre, nous allons focaliser notre travail sur l'optimisation de la consommation d'énergie dans les RCSF qui sera organisé comme suit : En premier lieu, nous présentons une introduction au domaine des réseaux de capteurs sans fil. Nous commençons d'abord par la définition des différentes notions et concepts, ensuite nous exposons les formes de dissipations d'énergie dans les réseaux de capteurs. Après, nous poursuivons notre travail en définissant la durée de vie des réseaux de capteurs et en synthétisant les différentes techniques et mécanismes de conservation d'énergie. Après, on va simuler les différentes algorithmes afin d'évaluer leurs performances énergétique. Enfin, on terminera avec une conclusion générale.

Partie 1: Introduction aux Réseaux de Capteurs Sans Fil

1. Introduction

Les réseaux de capteurs sans fil (RCSFs ou WSNs : Wireless sensor networks enanglais) sont devenus de plus en plus omniprésents. Les milieux scientifiques et industrielsleurs prêtent de en plus d'attention du fait de leurs riches applications dans les domaines :médical, commercial et militaire. Selon MIT's Technology Review, il s'agit de l'une des dix nouvelles technologies qui vont influer sur notre manière de vivre et de travailler. Les RCSFs sont des réseaux de nœuds sans fil dédiés à des applications spécifiques. Ils sont considérés comme un type particulier des réseaux Ad-hoc, dans lesquels les nœuds sont des capteurs intelligents (smart sensor). Les RCSFs sont composés d'un nombre potentiellement très grand (plusieurs milliers) de capteurs qui se communiquent selon un modèle de communication « sources multiples - destination unique », déployés dans la zone à couvrir.

Chaque capteur est capable d'effectuer d'une manière autonome trois tâches complémentaires:mesure d'une valeur physique, traitement de ses mesures, et communication par voie hertzienne. [1]

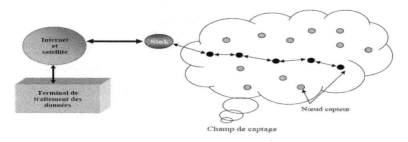

Figure 1 Réseau de Capteurs sans fil (RCSF/WSN)

Les capteurs sont des objets limités en terme de bande passante, de puissance de calcul, de mémoire disponible et d'énergie embarquée. La position de ces nœuds n'est pas obligatoirement prédéterminée. Ils sont dispersés aléatoirement à travers une zone géographique, appelée champ de captage, qui définit le terrain d'intérêt pour le phénomène capté. Les données captées sont acheminées grâce à un routage multi-sauts à un nœud considéré comme un "point de collecte", appelé nœud puits (Sink, ou station de base). Ce dernier peut être connecté à l'utilisateur du réseau via Internet ou un satellite. Ainsi, l'usager peut adresser des requêtes aux autres nœuds du réseau, précisant le type de données requises et récoltant les données environnementales captées par le biais du nœud puits.

Figure 2 Exemples de capteurs sans fil

2. Architecture d'un nœud-capteur

Un nœud-capteur est composé de plusieurs éléments ou modules correspondant chacun à une tâche particulière d'acquisition, de traitement, ou de transmission de données. Il comprend également une source d'énergie. [2]

2.1. L'unité d'acquisition des données

Le principe de fonctionnement des détecteurs est souvent le même : il s'agit de répondre à une variation des conditions d'environnement par une variation de certaines caractéristiques électriques (par exemple pour une thermistance, une variation de température entraîne une variation de la résistance). Les variations de tension sont ensuite converties par un convertisseur Analogique-Numérique afin de pouvoir être traitées par l'unité de traitement. On trouve aussi des structures plus complexes pour détecter d'autres phénomènes : les MEMS (pour Micro electromechanical Systems). Ils sont utilisés pour une grande variété de phénomènes physiques (accélération, concentration chimique...).

2.2. L'unité de traitement des données

Les microcontrôleurs utilisés dans le cadre de réseaux de capteurs sont à faible consommation d'énergie. Leurs fréquences sont assez faibles, moins de 10 MHz pour une consommation de l'ordre de 1 mW. Une autre caractéristique est la taille de leur mémoire qui est de l'ordre de 10 Ko de RAM pour les données et de 10 Ko de ROM pour les programmes .Cette mémoire consomme la majeure partie de l'énergie allouée au microcontrôleur, c'est pourquoi on lui adjoint souvent de la mémoire cash moins coûteuse en énergie.

Outre le traitement des données, le microcontrôleur commande également toutes les autres unités notamment le système de transmission.

2.3. L'unité de transmission de données

Les composants utilisés pour réaliser la transmission sont des composants classiques. Ainsi on retrouve les mêmes problèmes que dans tous les réseaux sans-fil : la quantité d'énergie nécessaire à la transmission augmente avec la distance.

Pour les réseaux sans-fil classiques (LAN, GSM) la consommation d'énergie est de l'ordre de plusieurs centaines de milliwatts, et on se repose sur une infrastructure alors que pour les réseaux de capteurs, le système de transmission consomme environ 20 mW et possède une portée de quelques dizaines de mètres. Pour augmenter ces distances tout en préservant l'énergie, le réseau utilise un routage multi-sauts.

2.4. La source d'énergie

Pour des réseaux de capteurs sans fil autonomes, l'alimentation est une composante cruciale. Il y a essentiellement deux aspects : premièrement, stocker l'énergie et la fournir sous la forme requise ; deuxièmement, tenter de reconstituer l'énergie consommée par un réapprovisionnement grâce à une source externe au nœud-capteur telles les cellules solaires. Le stockage de l'énergie se fait traditionnellement en utilisant ses piles. À titre indicatif, ce sera souvent une pile AA normale d'environ 2:2 -2:5 Ah fonctionnant à 1:5 V.

3. Consommation d'énergie d'un nœud-capteur

3.1. Formes de dissipation d'énergie

Les nœuds-capteurs sont alimentés principalement par des batteries. Ils doivent donc fonctionner avec un bilan énergétique frugal. En outre, ils doivent le plus souvent avoir une durée de vie de l'ordre de plusieurs mois, voire de quelques années, puisque le remplacement des batteries n'est pas une option envisageable pour des réseaux avec des milliers de nœuds.

Afin de concevoir des solutions efficaces en énergie, il est extrêmement important de faire d'abord une analyse des différents facteurs provoquant la dissipation de l'énergie d'un nœud-capteur.

Cette dissipation d'énergie se fait de manière générale selon plusieurs modes :

➢ Le MCU: Généralement les MCUs possèdent divers modes de fonctionnement : actif, "idle", et sommeil, à des fins de gestion d'énergie. Chaque mode est caractérisé par une quantité différente de consommation d'énergie. Toutefois, la transition entre les modes de fonctionnement implique un surplus d'énergie et de latence. Ainsi, les niveaux de consommation d'énergie des différents modes, les coûts de transition entre les modes mais encore le temps passé par le MCU dans chaque mode ont une incidence importante sur la consommation totale d'énergie d'un nœud-capteur.

➢ La radio : la radio opère dans quatre modes de fonctionnement : émission, réception, "idle", et sommeil. Une observation importante dans le cas de la plupart des radios est que le mode "idle" induit une consommation d'énergie significative, presque égale à la consommation en mode réception. Ainsi, il est plus judicieux d'éteindre complètement la radio plutôt que de passer en mode "idle" quand l'on a ni à émettre ni à recevoir de données. Un autre facteur déterminant est que, le passage de la radio d'un mode à un autre engendre une dissipation d'énergie importante due à l'activité des circuits électroniques. Par exemple, quand la radio passe du mode sommeil au mode émission pour envoyer un paquet, une importante quantité d'énergie est consommée pour le démarrage de l'émetteur lui-même.

Un autre aspect non négligeable est le phénomène d'autodécharge de la batterie. En effet, cette dernière se décharge d'elle même et perd de sa capacité au fil du temps.[3]

3.2. Sources de surconsommation d'énergie

Nous appelons surconsommation d'énergie toute consommation inutile que l'on peut éviter afin de conserver l'énergie d'un nœud-capteur. Les sources de cette surconsommation sont nombreuses, elles peuvent être engendrées lors de la détection lorsque celle-ci est mal gérée (par exemple par une fréquence d'échantillonnage est mal contrôlée).

La surconsommation concerne également la partie communication. En effet, cette dernière est sujette à plusieurs phénomènes qui surconsomment de l'énergie surtout au niveau MAC où se déroule le contrôle d'accès au support sans fil. Certains de ces phénomènes sont les causes majeures de la perte d'énergie.

> Les collisions : elles sont la première source de perte d'énergie. Quand deux trames sont émises en même temps et se heurtent, elles deviennent inexploitables et doivent être abandonnées. Les retransmettre par la suite, consomme de l'énergie. Tous les protocoles MAC essayent à leur manière d'éviter les collisions. Les collisions concernent plutôt les protocoles MAC avec contention.[4]

> L'écoute à vide (idlelistening) : un nœud dans l'état "idle" est prêt à recevoir un paquet, mais il n'est pas actuellement en train de recevoir quoi que ce soit. Ceci est coûteux et inutile dans le cas des réseaux à faible charge de trafic. Plusieurs types de radios présentent un coût en énergie significatif pour le mode "idle". Eteindre la radio est une solution, mais le coût de la transition entre les modes consomme également de l'énergie, la fréquence de cette transition doit alors rester "raisonnable".

> L'écoute abusive (overhearing) : cette situation se présente quand un nœud reçoit des paquets qui ne lui sont pas destinés. Le coût de l'écoute abusive peut être un facteur dominant de la perte d'énergie quand la charge de trafic est élevée et la densité des nœud s grande, particulièrement dans les réseaux "mostly-on".

> L'overmitting : un nœud envoie des données et le nœud destinataire n'est pas prêt à les recevoir.

➤ L'overhead des paquets de contrôle : l'envoi, la réception, et l'écoute des paquets de contrôle consomment de l'énergie. Comme les paquets de contrôle ne transportent pas directement des données, ils réduisent également le débit utile effectif.[5]

3.3. Mécanismes de conservation de l'énergie

La transmission de données se révèle extrêmement consommatrice par rapport aux tâches du nœud-capteur. Cette caractéristique conjuguée à l'objectif de maximisation de la durée de vie du réseau a suscité de nombreux travaux de recherche. Avant de citer ces travaux dans le chapitre suivant, nous introduisons dans ce paragraphe certains mécanismes de base:[6]

➤ Mode d'économie d'énergie : ce mode est possible quelle que soit la couche MAC adoptée.Cela consiste à éteindre le module de communication dès que possible. Par exemple, des protocolesMAC fondés sur la méthode TDMA (Time Division Multiple Access) offrent une solution implicite puisqu'un nœud n'échange des messages que dans les intervalles de temps qui lui sont attribués. Il peut alors garder sa radio éteinte durant les autres slots. Il faut toutefois veiller à ce que le gain d'énergie obtenu en mettant en veille le module radio ne soit pas inférieur au surcoût engendré par le redémarrage de ce module.

➤ Traitement local : L'idée de cette technique est que la source peut se censurer. Ainsi une programmation événementielle semble bien adaptée aux réseaux de capteurs. Seuls les changements significatifs de l'environnement devrait provoquer un envoi de paquets le réseau. Dans le même état d'esprit, une grande collaboration est attendue entre les capteurs d'une même région en raison de leur forte densité et dans la mesure où les observations ne varient presque pas entre des voisins très proches. Ainsi les données pourront être confrontées localement et agrégées au sein d'un seul et unique message. Cette stratégie de traitement local permet de réduire sensiblement le trafic.

➢ Organisation des échanges : ce procédé revient à limiter les problèmes de retransmission dus aux collisions. La solution extrême consiste à utiliser la technique d'accès au medium TDMA. Les collisions sont ainsi fortement réduites. Cette solution présente l'inconvénient d'être peu flexible et de demander une synchronisation fine des capteurs. Des solutions intermédiaires ont vu le jour, par exemple S-MAC (Sensor MAC) qui est une méthode d'accès au canal de type CSMA-CA avec le mécanisme RTS/CTS (Request to Send, Clear to Send) qui permet d'éviter les collisions et le problème de la station cachée. La principale innovation, apportée par ce protocole, est d'avoir un mécanisme de mise en veille distribué sur chaque nœud du réseau dans le but de réduire la consommation d'énergie. La principale difficulté de S-MAC est également de synchroniser les nœuds entre eux pour que la communication soit toujours possible.[7]

➢ Limitation des accusés de réception : l'acquittement systématique est mal adapté à des réseaux denses : il provoque une surcharge du réseau et donc des collisions et des interférences avec les données utiles échangées dans le réseau. Les acquittements par "piggy-backing" seront à privilégier.

➢ Répartition de la consommation d'énergie : la formation de "clusters" permet d'envisager des réseaux comportant un très grand nombre de capteurs. Elle favorise une meilleure répartition de la consommation d'énergie. En effet, dans le cas d'une transmission directe vers l'observateur, les capteurs éloignés vont plus rapidement manquer d'énergie et les autres nœuds peuvent être sujets au phénomène d'overhearing dans le cas des réseaux Mostly-On. Au contraire, dans le cas d'une transmission par saut, les nœuds proches de l'observateur vont être vite en rupture de batterie car ils seront plus sollicités pour relayer les messages des autres. La solution consiste à hiérarchiser les échanges en divisant la zone d'observation en clusters. Un "cluster head" est élu pour chaque cluster. Il s'occupe de récupérer les informations auprès des capteurs de son cluster et de les transmettre directement à l'observateur. En changeant régulièrement de cluster head, on obtient un réseau dans lequel aucun capteur n'est prédisposé à arriver en rupture de batterie avant les autres. Mettre en place des clusters va également permettre de cloisonner le réseau et ceci dans l'objectif de réduire les interférences. On améliore ainsi la qualité du lien radio et par conséquent, on limite les retransmissions liées aux reprises sur erreur. L'exemple phare d'une solution avec des clusters est le protocole LEACH

Par ailleurs, il existe dans la littérature d'autres mécanismes de conservation d'énergie, telles les techniques de compression, d'agrégation et de fusion de données, d'autres techniques de routage, etc.[8]

Partie 2 : Techniques de conservation d'énergie

1. Notion de durée de vie d'un réseau

Un réseau ne peut accomplir son objectif que tant qu'il est « en vie », mais pas au delà. La durée de vie prévue est critique dans tout déploiement de réseau de capteurs. Le but des scénarios applicatifs classiques, consiste à déployer des nœuds dans un domaine sans surveillance pendant des mois ou des années.

La vie d'un réseau de capteurs correspond à la période de temps durant laquelle le réseau peut, selon le cas : maintenir assez de connectivité, couvrir le domaine entier, ou garder le taux de perte d'information en-dessous d'un certain niveau. La vie du système est donc liée à la vie nodale, même si elle peut en différer. La vie nodale correspond à la vie d'un des nœuds du réseau. Elle dépend essentiellement de deux facteurs : l'énergie qu'il consomme en fonction du temps et la quantité d'énergie dont il dispose.[9]

Il existe différentes définitions pour la durée de vie d'un réseau de capteurs (fondées sur la fonctionnalité désirée). Elle peut être définie par la durée jusqu'au moment où le premier nœud meurt.

Elle peut également être définie par le temps jusqu'au moment où une proportion de nœuds meurt.

Si la proportion de nœuds morts dépasse un certain seuil, cela peut avoir comme conséquence la non-couverture de sous-régions et/ou le partitionnement du réseau.

Ce que l'on peut également constater c'est que la définition même de la durée de vie va dépendre de l'application dévolue au réseau de capteurs.

L'emplacement des nœuds défaillants est également important. Si la proportion de nœuds qui ont manqué d'énergie est située dans une certaine partie critique du réseau, par exemple, reliant le nœud central (Station de Base) et le reste du réseau, cela peut avoir comme conséquence le dysfonctionnement précoce du réseau entier.

Il convient de noter que la simulation de la durée de vie du réseau peut être un problème statistique difficile. De toute évidence, plus ces durées sont longues, meilleur est le fonctionnement du réseau.[10]

De manière plus générale, il est possible de chercher à estimer le complémentaire de la fonction de répartition des durées de vie des nœuds (avec la probabilité qu'un nœud survive un temps donné), ou la survie relative d'un réseau.

Notons toutefois que des corrélations vont s'instaurer entre les consommations des différents nœuds, ces corrélations pouvant être positives et liées à une densité importante d'événements dans une partie de la zone de surveillance ou bien négatives en raison du routage.

Toutes ces métriques peuvent bien sûr être évaluées avec un ensemble d'hypothèses sur les caractéristiques d'un nœud donné en terme de consommation d'énergie, sur la « charge » courante que le réseau est appelé à traiter.

2. Conservation d'énergie

Des mesures expérimentales ont montré que, généralement, c'est la transmission des données qui est la plus consommatrice en énergie, et de façon significative, les calculs, eux, consomment très peu. La consommation d'énergie du module de détection dépend de la spécificité du capteur. Dans de nombreux cas, elle est négligeable par rapport à l'énergie consommée par le module de traitement et, par dessus tout, le module de communication.

Dans d'autres cas, l'énergie dépensée pour la détection peut être comparable, ou supérieure à celle nécessaire à la transmission de données. En général, les techniques d'économie d'énergie se concentrent sur deux parties : la partie réseau (i.e., la gestion d'énergie est prise en compte dans les opérations de chaque nœud, ainsi que dans la conception de protocoles réseau), et la partie détection (i.e., des techniques sont utilisées pour réduire le nombre ou la fréquence de l'échantillonnage coûteux en énergie).

La durée de vie d'un réseau de capteurs peut être prolongée par l'application conjointe de différentes techniques. Par exemple, les protocoles efficaces en énergie visent à réduire au minimum la consommation d'énergie pendant l'activité du réseau. Toutefois, une quantité considérable d'énergie est consommée par les composants d'un nœud (CPU, radio, etc.), même s'ils sont inactifs. Un plan de gestion dédié à l'énergie peut alors être utilisé pour éteindre temporairement les composants du nœud lorsqu'ils ne sont pas sollicités.[11]

3. Techniques du Duty-cycling

Cette technique est principalement utilisée dans l'activité réseau. Le moyen le plus efficace pour conserver l'énergie est de mettre la radio de l'émetteur en mode veille (low-power) à chaque fois que la communication n'est pas nécessaire. Idéalement, la radio doit être éteinte dès qu'il n'y a plus de données à envoyer et ou à recevoir, et devrait être prête dès qu'un nouveau paquet de données doit être envoyé ou reçu. Ainsi, les nœuds alternent entre périodes actives et sommeil en fonction de l'activité du réseau. Ce comportement est généralement dénommé Duty-cycling. Un Duty-cycle est défini comme étant la fraction de temps où les nœuds sont actifs.

Comme les nœuds-capteurs effectuent des tâches en coopération, ils doivent coordonner leurs dates de sommeil et de réveil. Un algorithme d'ordonnancement Sommeil/Réveil (sleep/wakeup) accompagne donc tout plan de Duty-cycling. Il s'agit généralement d'un algorithme distribué reposant sur les dates auxquelles des nœuds décident de passer entre l'état actif et l'état sommeil. Il permet aux nœuds voisins d'être actifs en même temps, ce qui rend possible l'échange de paquets, même si les nœuds ont un faible Duty-cycle (i.e., ils dorment la plupart du temps).[12]

3.1. Protocoles Sleep/Wakeup

Comme mentionné précédemment, un régime Sleep/Wakeup peut être défini pour un composant donné du nœud-capteur. On peut relever les principaux plans Sleep/Wakeup implantés sous forme de protocoles indépendants au-dessus du protocole MAC (i.e. au niveau de la couche réseau ou de la couche application). Dans certains document, les protocoles Sleep/Wakeup sont divisés en trois grandes catégories : à la demande, rendez-vous programmés, régimes asynchrones.

- Les protocoles à la demande utilisent l'approche la plus intuitive pour la gestion d'énergie. L'idée de base est qu'un nœud devrait se réveiller seulement quand un autre nœud veut communiquer avec lui. Le problème principal associé aux régimes à la demande est de savoir comment informer un nœud en sommeil qu'un autre nœud est disposé à communiquer avec lui. À cet effet, ces systèmes utilisent généralement plusieurs radios avec différents compromis entre énergie et performances (i.e. une radio à faible débit et à faible consommation pour la signalisation, et une radio à haut débit mais à plus forte consommation pour la communication de données). Le protocole STEM (Sparse Topology and Energy Management).

- Une autre solution consiste à utiliser une approche de rendez-vous programmés. L'idée est que chaque nœud doit se réveiller en même temps que ses voisins. Typiquement, les nœuds se réveillent suivant un ordonnancement de réveil et restent actifs pendant un court intervalle de temps pour communiquer avec leurs voisins. Ensuite, ils se rendorment jusqu'au prochain rendez-vous ;

- Enfin, un protocole Sleep/Wakeup asynchrone peut être utilisé. Avec les protocoles asynchrones, un nœud peut se réveiller quand il veut et tant qu'il est capable de communiquer avec ses voisins. Ce but est atteint par des propriétés impliquées dans le régime Sleep/Wakeup, aucun échange d'informations n'est alors nécessaire entre les nœuds. [13]

3.2. Protocoles du niveau MAC

Plusieurs protocoles MAC pour les réseaux de capteurs sans fil ont été proposés, et de nombreux états de l'art et introductions aux protocoles MAC sont disponibles dans la littérature. Nous nous concentrons principalement sur les questions de gestion d'énergie plutôt que sur les méthodes d'accès au canal. La plupart d'entre eux mettent en œuvre un régime avec un faible Duty-cycle pour gérer la consommation d'énergie. Nous avons recensés les protocoles MAC les plus communs en les classant en trois catégories : les protocoles fondés sur TDMA, les protocoles utilisant la contention et les protocoles hybrides.[14]

3.2.1. Protocoles MAC reposant sur TDMA

Dans les protocoles MAC fondés sur la méthode TDMA, le temps est divisé en trames (périodiques) et chaque trame se compose d'un certain nombre de slots de temps. À chaque nœud est attribué un ou plusieurs slots par trame, selon un certain algorithme d'ordonnancement. Il utilise ces slots pour l'émission/réception de paquets de/vers d'autres nœuds.

Dans de nombreux cas, les nœuds sont regroupés pour former des clusters avec un cluster head qui est chargé d'attribuer les slots de temps pour les nœuds de son cluster (par exemple, Bluetooth, LEACH, et Energy-aware TDMA-based MAC).

Exemple : un des protocoles TDMA important et efficace en énergie pour les réseaux de capteurs sans fil est TRAMA. TRAMA divise le temps en deux parties, une période avec un accès aléatoire et une période avec un accès ordonnancé. La période d'accès aléatoire est consacrée à la réservation des slots et l'accès au canal est fondé sur la contention. A contrario, la période d'accès ordonnancée est constituée par un certain nombre de slots de temps attribués à un nœud précis.

L'algorithme de réservation des slots est le suivant. Tout d'abord, les nœuds cherchent des informations sur un voisinage à deux sauts, qui sont nécessaires pour établir un ordonnancement sans collisions. Ensuite, les nœuds commencent une procédure d'élection afin d'associer chaque slot à un seul nœud.

Chaque nœud aura une priorité pour être le propriétaire d'un slot. Cette priorité est calculée avec une fonction de hachage de l'identifiant du nœud et du numéro du slot. Le nœud avec la plus grande priorité devient le propriétaire du slot. Enfin, les nœuds envoient un paquet de synchronisation contenant la liste des voisins destinataires pour les transmissions suivantes. Par conséquent, les nœuds peuvent se mettre d'accord sur les slots où ils doivent être éveillés. Les slots inutilisés peuvent être annoncés par leurs propriétaires pour être réutilisés par d'autres.

Les protocoles TDMA sont par nature efficaces en énergie, puisque les nœuds n'allument leur radio que lors de leurs propres slots et s'endorment le reste du temps. Toutefois, dans la pratique, les protocoles TDMA ont plusieurs inconvénients qui compensent les avantages en termes d'économie d'énergie.

Premièrement, les algorithmes classiques de réservation de slots ont tendance à être complexes, peu flexibles et présentent des problèmes lors du passage à l'échelle. En effet, dans un véritable réseau de capteurs, les changements de topologie sont fréquents (conditions variables du canal, défaillances de nœuds, . . .) et la répartition des slots peut être problématique donc dans de nombreux cas ; une approche centralisée peut être adoptée.

Deuxièmement, ils requièrent une synchronisation très fine et ils sont très sensibles aux interférences. En outre, les protocoles TDMA fonctionnent moins bien que les protocoles avec contention lors d'un trafic faible. C'est pour toutes ces raisons que les protocoles MAC TDMA ne sont pas très fréquemment utilisés dans les réseaux de capteurs.[15]

3.2.2. Protocoles MAC avec contention

Les protocoles avec contention sont les plus populaires et représentent la majorité des protocoles MAC proposés pour les réseaux de capteurs sans fil. Ils assurent le Duty-cycle par une intégration étroite des fonctionnalités d'accès au canal avec un régime Sleep/Wakeup. La seule différence est que, dans ce cas, l'algorithme Sleep/Wakeup n'est pas un protocole indépendant.

Exemples : un des plus populaires est B-MAC (MAC Berkeley), avec une faible complexité et une faible consommation induite par le système d'exploitation TinyOS. L'objectif de B-MAC est de fournir quelques fonctionnalités de base et un mécanisme efficace en énergie pour l'accès au canal.

Il met d'abord en œuvre les caractéristiques de base du contrôle d'accès au canal : un algorithme de backoff, une estimation efficace du canal et des acquittements optionnels.

Deuxièmement, pour atteindre un faible Duty-cycle, B-MAC utilise un plan Sleep/Wakeup asynchrone fondé sur l'écoute périodique appelée Low Power Listening (LPL). Les nœuds se réveillent périodiquement pour vérifier l'activité sur le canal. La période entre deux réveils est nommée intervalle de vérification. Après le réveil, les nœuds restent actifs pour un temps de réveil, afin de détecter d'éventuelles transmissions. Contrairement au temps de réveil qui est fixé, l'intervalle de vérification peut être spécifié par l'application. Les paquets B-MAC sont constitués d'un long préambule et d'une charge utile. La durée du préambule est au moins égale à l'intervalle de vérification, afin que chaque nœud puisse toujours détecter une éventuelle transmission au cours de son intervalle de vérification. Cette approche ne nécessite pas que les nœuds soient synchronisés. En fait, quand un nœud détecte l'activité sur le canal, il reste actif et reçoit le préambule en premier puis la charge utile.

Un autre protocole MAC multi-sauts célèbre dans les réseaux de capteurs est S-MAC (Sensor-MAC). Il adopte un régime de communication avec planification par rendez-vous. Les nœuds échangent des paquets de synchronisation afin de coordonner leurs périodes Sleep/Wakeup. Chaque nœud peut établir son propre plan ou suivre le plan d'un voisin au moyen d'un algorithme distribué.[16]

Les nœuds utilisant le même plan forment un cluster virtuel. Un nœud peut éventuellement suivre deux plans s'ils ne se superposent pas, de sorte qu'il puisse faire un pont de communication entre différents clusters virtuels. Le temps d'accès au canal est divisé en deux parties. Dans la période d'écoute, les nœuds échangent des paquets de synchronisation et des paquets de contrôle pour éviter des collisions.

Le transfert de données aura lieu dans le reste de la période. Les nœuds source et destination sont éveillées et communiquent entre eux. Les nœuds qui ne sont pas concernés par cette communication peuvent dormir jusqu'à la prochaine période d'écoute.

Pour éviter les latences dans des environnements multi-sauts, S-MAC utilise un plan d'écoute adaptatif.

Les paramètres du protocole S-MAC, i.e. les périodes d'écoute et de sommeil, sont constantes et ne peuvent pas être modifiées après le déploiement. Les auteurs de proposent alors une version améliorée de S-MAC appelée Timeout MAC (T-MAC) et spécialement conçue pour une charge de trafic variable. Bien que les protocoles MAC fondée sur le Duty-cycle soient efficaces en énergie, ils souffrent de la latence du sommeil, i.e., un nœud doit attendre que le récepteur se réveille avant qu'il puisse acheminer un paquet. Cette latence augmente avec le nombre de sauts. En outre, la diffusion de données à partir d'un nœud vers le puits peut connaître un problème d'interruption. En fait, la sensibilité de la radio limite la portée de l'overhearing. Les nœuds en dehors de la portée de l'émetteur ne peuvent donc pas entendre la transmission en cours et se rendorment. C'est pourquoi, dans S-MAC et T-MAC la diffusion de données est limitée à quelques sauts.

IEEE 802.15.4 est un standard à faible débit et à faible puissance pour les réseaux personnels

(PAN pour Personal Area Networks). Un PAN est formé d'un PAN coordinator qui gère l'ensemble du réseau et, éventuellement, d'un ou plusieurs coordinateurs qui gèrent les sous-ensembles de nœuds du réseau. D'autres nœuds (ordinaires) doivent s'associer à un coordinateur afin de communiquer.

Les topologies de réseau possibles sont l'étoile (saut unique), le cluster - tree et le mesh (multi-sauts).

Le standard IEEE 802.15.4 prend en charge deux méthodes d'accès aux différents canaux : un mode beacon-enabled et un mode non-beacon enabled. Le mode beacon enabled fournit un mécanisme de gestion d'énergie sur la base du Duty-cycle. Concrètement, il utilise une structure de super-trame qui est délimitée par des balises. D'autres trames de synchronisation sont générées périodiquement par les nœuds coordinateurs. Chaque super-trame consiste en une période active et une période inactive. Dans la période d'activité les dispositifs communiquent avec le coordonnateur auquel ils sont associés. La période active peut être divisée en une période d'accès avec contention (CAP pour Contention Access Period) et une période sans contention (CFP). Au cours de la CAP un algorithme CSMA/CA discrétisé est utilisé pour accéder au canal, tandis que, durant la CFP, un certain nombre de slots garantis (GTS) peuvent être attribués à chaque nœud. Au cours de la période inactive les dispositifs entrent en mode faible puissance pour économiser l'énergie. Dans le mode non-beacon enabled, il n'y a pas de structure en super-trame, i.e. les nœuds sont toujours à l'état actif et utilisent l'algorithme Unslotted CSMA/CA pour l'accès au canal et la transmission de données. Dans ce cas, la conservation d'énergie a lieu au niveau des couches supérieures.

Les protocoles fondés sur la contention sont robustes et garantissent le passage à l'échelle. En outre, ils ont généralement un délai plus faible que ceux reposant sur TDMA et ils peuvent facilement s'adapter aux conditions de trafic. Malheureusement, leur dissipation d'énergie est plus élevée que celle des protocoles TDMA à cause de la contention et des collisions. Des mécanismes Duty-cycle peuvent contribuer à réduire la surconsommation d'énergie, mais ils doivent être conçus avec soin pour être flexibles et à faible latence. [17]

3.2.3. Protocoles MAC hybrides

L'idée de base des protocoles MAC hybrides (changement du comportement du protocole entre TDMA et CSMA en fonction du niveau de contention) n'est pas nouvelle. Concernant les réseaux de capteurs sans fil, Z-MAC est l'un des protocoles les plus intéressants. Afin de définir le schéma principal du contrôle de transmission, Z-MAC commence par une phase préliminaire de configuration.

Chaque nœud construit une liste de voisins à deux sauts par le biais du processus de découverte de voisins. Puis, un algorithme distribué d'attribution des slots est appliqué pour faire en sorte que deux nœuds dans un voisinage à deux sauts ne soient pas affectés au même slot. Par conséquent, on est assuré qu'une transmission d'un nœud avec un de ses voisins à un saut n'interfère pas avec les transmissions de ses voisins à deux sauts.

Z-MAC permet à chaque nœud de maintenir son propre ordonnancement qui dépend du nombre de voisins et évite tout conflit avec ses voisins de contention. Chaque nœud a des informations sur les slots de tous ses voisins à deux sauts et tout le monde se synchronise sur un slot de référence. Après cette phase d'initialisation, les nœuds sont prêts pour l'accès au canal. Les nœuds peuvent être soit en mode faible niveau de contention (LCL pour Low Contention Level), soit en mode haut niveau de contention (HCL pour High Contention Level). Un nœud persiste dans le mode LCL sauf s'il a reçu une notification (ECN pour Explicit Contention Notification). Dans le mode HCL, seuls les propriétaires du slot et leurs voisins à deux sauts sont autorisés à concourir pour l'accès au canal. En LCL (à la fois les propriétaires et les non-propriétaires) peuvent concourir pour transmettre dans n'importe lequel des slots. En revanche les propriétaires ont une priorité sur les autres. De cette façon, Z-MAC peut atteindre un niveau élevé d'utilisation du canal, même en faible contention, car un nœud peut transmettre dès que le canal est disponible.

Les protocoles hybrides tentent de combiner les points forts des protocoles MAC fondés sur TDMA et ceux avec contention tout en compensant leurs faiblesses. Toutefois, ces techniques semblent être complexes pour être réalisables dans un déploiement d'un grand nombre de nœuds.[18]

4. Techniques orientées données

Généralement, les plans Duty-cycling ne tiennent pas compte des données prélevées par les nœuds.

Par conséquent, des approches orientées données peuvent être utiles pour améliorer l'efficacité en énergie. En fait, la détection (ou prélèvement de données) affecte la consommation d'énergie de deux manières :

- Des échantillons inutiles : les données échantillonnées ont souvent de fortes corrélations spatiales et/ou temporelle, il est donc inutile de communiquer les informations redondantes à la Station de Base. Un échantillonnage inutile implique une consommation d'énergie à son tour inutile. En effet, même si le coût de l'échantillonnage est négligeable, cela induit aussi des communications tout le long du chemin qu'emprunte le message.

- La consommation électrique du module de détection : réduire la communication ne suffit pas lorsque le capteur est lui-même très consommateur.

Des techniques orientées données sont conçues pour réduire la quantité d'échantillonnage de données en garantissant un niveau de précision acceptable dans la détection pour l'application.

4.1. Réduction des données

Réduire les données en termes de volume ou de nombre de paquets, dans le réseau peut avoir un impact majeur sur la consommation d'énergie due à la communication. Parmi les méthodes de réductions de données, nous trouvons le In-network processing qui consiste à réaliser de l'agrégation de données (par exemple, calculer la moyenne de certaines valeurs) au niveau des nœuds intermédiaires entre la source et le Sink. Ainsi, la quantité de données est réduite tout en parcourant le réseau vers le Sink. Une agrégation de données appropriée est spécifique à l'application.

La compression de données peut être appliquée également pour réduire la quantité d'informations transmises par les nœuds sources. Ce régime implique l'encodage d'informations au niveau des nœuds qui engendrent des données, et le décodage au niveau du Sink.

4.2. Acquisition de données efficace en énergie

De nombreuses applications émergeantes ont d'applications a de réelles contraintes dues à la détection. Ceci va à l'encontre de l'hypothèse générale selon laquelle la détection n'est pas significative d'un point de vue consommation d'énergie. En fait, la consommation d'énergie du module de détection peut, non seulement être significative, mais encore supérieure à la consommation d'énergie de la radio ou même plus grande que la consommation d'énergie du reste du nœud-capteur. Cela peut être dû à différents facteurs :

> Transducteur gourmand en énergie : Certains capteurs ont intrinsèquement besoin d'un forte puissance pour s'acquitter de leur tâche d'échantillonnage. Par exemple, des capteurs d'images CMOS, voire des capteurs multimédias ont généralement besoin de beaucoup d'énergie.

Les capteurs chimiques ou biologiques peuvent aussi être gourmands en énergie.

> Convertisseurs A/D gourmands : des capteurs tels que les transducteurs acoustiques et sismiques nécessitent généralement des convertisseurs A/D à haut débit et à grande résolution.

La consommation d'électricité des convertisseurs représente la part la plus importante de la consommation d'énergie du sous-système de détection.

➤ Capteurs actifs : Une autre classe de capteurs peut obtenir des données du phénomène perçu par l'utilisation de transducteurs actifs (par exemple, sonar, radar ou laser). Dans ce cas, les capteurs doivent envoyer un signal de sondage afin d'obtenir des informations sur la grandeur observée.

➤ Temps d'acquisition long : Le temps d'acquisition peut être de l'ordre de plusieurs centaines de millisecondes, voire de quelques secondes. Par conséquent, l'énergie consommée par le sous-système de détection peut être élevé, même si la consommation d'énergie du détecteur reste modérée. Dans ce cas, réduire les communications peut s'avérer insuffisant, mais les stratégies de conservation d'énergie doivent réellement réduire le nombre d'acquisitions (échantillons de données). Il faudrait également préciser que les techniques d'acquisition de données efficaces en énergie ne visent pas exclusivement à réduire la consommation d'énergie du module de détection. En réduisant les données prélevées par des nœuds sources, elles diminuent aussi le nombre de communications. En fait, beaucoup de techniques d'acquisition de données efficaces en énergie ont été conçues pour réduire au minimum l'énergie consommée par la radio, en supposant que la consommation de la radio est négligeable.

La classification des approches d'acquisition de données efficaces en énergie est comme suit :

• Comme les échantillons mesurés peuvent être corrélés, les techniques d'échantillonnage adaptatif exploitent de telles similitudes pour réduire la quantité de données à acquérir par le transducteur.

Par exemple, les données intéressantes peuvent changer lentement en fonction du temps. Dans ce cas, des corrélations temporelles peuvent être exploitées pour réduire le nombre d'acquisitions. Une approche semblable peut être appliquée lorsque le phénomène étudié ne change pas brusquement entre les régions couvertes par des nœuds voisins. L'énergie due au prélèvement (et à la communication) peut être alors réduite en profitant des corrélations spatiales entre les données prélevées. Clairement, des corrélations temporelles et spatiales peuvent être conjointement exploitées pour réduire sensiblement la quantité de données à acquérir.

- L'approche d'échantillonnage hiérarchique suppose que les nœuds sont équipés de sondes (ou détecteurs) de différents types. Alors que chaque sonde est caractérisée par une résolution donnée et sa consommation d'énergie associée, cette technique choisit dynamiquement la classe à activer, afin d'obtenir un compromis entre la précision et l'économie d'énergie.

- Enfin, l'échantillonnage actif fondé sur un modèle adopte une approche semblable à la prévision de données. Un modèle du phénomène mesuré est établi lors des prélèvements de données, de telle sorte que les valeurs futures puissent être prévues avec une certaine précision. Cette approche exploite le modèle obtenu pour réduire le nombre d'échantillons de données, et également la quantité de données à transmettre à la Station de Base bien que ce ne soit pas leur objectif principal.

5. Techniques de mobilité

Dans certains cas où les nœuds sont mobiles, la mobilité peut être utilisée comme outil pour réduire la consommation d'énergie (au-delà du Duty-cycling et des techniques orientées données). Dans un réseau de capteurs statiques, les paquets provenant des nœuds suivent des chemins multi-sauts vers la station de base. Ainsi, certains chemins peuvent être chargés (sollicités plus que d'autres), et les nœuds proches de la Station de Base relayent plus de paquet et sont plus sujets à l'épuisement prématuré de leurs batteries (funneling effet). Si certains nœuds (éventuellement, la station de base) sont mobiles, le trafic peut être modifié si les nœuds mobiles sont chargés de collecter des données directement à partir de nœuds statiques.

Les nœuds ordinaires attendent le passage d'un dispositif mobile pour lui envoyer leurs messages de telle sorte que la communication ait lieu à proximité (directement ou au plus avec un nombre limité de sauts). Par conséquent, les nœuds ordinaires peuvent économiser de l'énergie parce que la longueur du chemin, la contention et les overheads de diffusion sont ainsi réduits. En outre, le dispositif mobile peut visiter le réseau afin de répartir uniformément la consommation d'énergie due à la communication.

Lorsque le coût de la mobilité des nœuds de capteurs est prohibitif, l'approche classique consiste à attacher un capteur à des entités qui seront en itinérance dans le champ de détection, comme des autobus ou des animaux.

Les stratégies reposant sur la mobilité peuvent être classées en deux ensembles : les stratégies avec un Sink mobile et les stratégies avec des relais mobiles, selon le type de l'entité mobile. Il est important de souligner ici que, lorsque nous examinons des systèmes mobiles, un problème important est le type de contrôle de la mobilité des nœuds qu'intègre la conception du réseau.

Les nœuds mobiles peuvent être divisés en deux catégories : ils peuvent être spécifiquement conçus comme partie de l'infrastructure du réseau, ou faire partie de l'environnement.

Quand ils font partie de l'infrastructure, leur mobilité peut être entièrement contrôlée dans la mesure où ils sont, généralement, robotisés. Lorsque les nœuds mobiles font partie de l'environnement, ils pourraient ne pas être contrôlables. S'ils suivent un horaire strict, ils ont une mobilité complètement prévisible (par exemple, une navette pour les transports publics). Sinon, ils peuvent avoir un comportement aléatoire de sorte qu'aucune hypothèse ne puisse être faite sur leur mobilité.

Enfin, ils peuvent suivre un schéma de mobilité, qui n'est ni prévisible, ni totalement aléatoire. Par exemple, c'est le cas d'un bus se déplaçant dans une ville, dont la vitesse est soumise à d'importantes variations en raison des conditions de circulation. Dans un tel cas, les schémas de mobilité peuvent être tirés en se fondant sur des observations et des estimations d'une certaine précision.[19]

Partie 3 : Etude Expérimentale et Implémentation

1. Installation et configuration de network simulator

1.1. Définition de network simulator

Network Simulator (ns) est un logiciel libre de simulation à événements discrets très largement utilisé dans la recherche académique et dans l'industrie. Il est considéré par beaucoup de spécialistes des télécommunications comme le meilleur logiciel de simulation à événements discrets, en raison de son modèle libre, permettant l'ajout très rapide de modèles correspondant à des technologies émergentes.

La version 2 était basée sur l'utilisation de langages de scripts pour la commande des simulations (Tcl/Tk) alors que seul le cœur des simulations était implémenté avec le langage C++.

1.2. Installation de simulateur ns2

L'installation du simulateur de réseaux NS-2 sera effectuée sous le système d'exploitation Linux sous la distribution UBUNTU.

Pour cela on exécute les commandes suivantes :

Sudoapt-get update (mis à jour du système)

Sudo apt-get install ns2 (installation du simulateur)

Sudo apt-get installnam

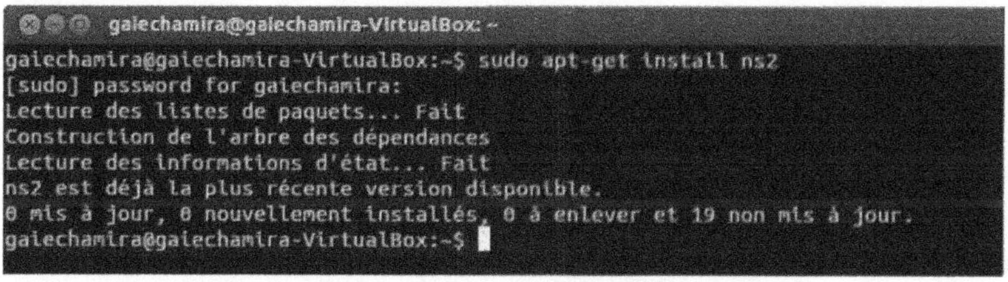

Figure 3 Installation du simulateur ns2

```
gaiechamira@gaiechamira-VirtualBox: ~
gaiechamira@gaiechamira-VirtualBox:~$ ls ns-allinone-2.35/
bin              include      nam-1.15    README      tclcl        zlib-1.2.3
cweb             install      ns-2.35     sgb         tclcl-1.20
dei80211mr-1.1.4 INSTALL.WIN32 otcl       share       tk8.5.10
gt-itm           lib          otcl-1.14   tcl8.5.10   xgraph-12.2
gaiechamira@gaiechamira-VirtualBox:~$ ▮
```

Figure 4 vérification du package ns-allinone-2.35

2. Simulation des deux architectures

2.1   Choix des protocoles

Parmi les protocoles pris en compte dans la couche mac, nous avons choisi d'évaluer trois (SMAC, TDMA et IEEE802.15.4). Dans notre étude comparative, les protocoles d'émulation peuvent être faits en fonction de deux architectures : architecture Sink et architecture point à point. En outre, les protocoles sont choisis selon leur apparition dans le temps (SMAC et TDMA sont considéré les plus anciens tandis que le protocole IEEE802.15.4est considéré le plus récent).

2.2   Architecture Sink

Le fonctionnement du protocole SMAC, TDMA et IEEE802.15.4 est déterminée par l'état actuel du réseau (nœuds /Sink) et sur la base de leur consommation d'énergie. Dans ce contexte, nous avons mis en œuvre ces protocoles sur notre simulateur pour étudier leurs consommations d'énergie en fonction du temps. Cette étude sera présentée dans trois courbes représentant trois scénarios différents pour chaque protocole, allant d'un scénario à un autre, le nombre de nœuds de source.

Les trois scénarios sont représentés dans le tableau ci-dessous:

Scénario	Nombre des nœuds
Scénario1	5 nœuds dont un nœud puits (Sink)
Scénario2	10 nœuds dont deux nœuds puits (Sink)
Scénario3	15 nœuds dont trois nœuds puits (Sink)

2.2.1 Simulation avec 5 nœuds

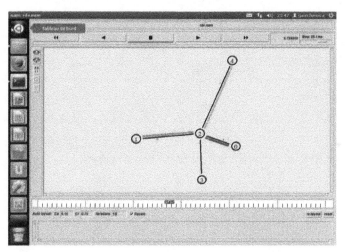

Figure 5 Architecture point to sink avec 5 nœuds

Dans cette topologie le nœud 0 est considéré comme nœud Sink, la communication entre les différents nœuds s'effectue par l'intermédiaire de ce dernier. Si par exemple le nœud 4 veut communiquer avec le nœud 1, cette dernier envoie le paquet vers le point Sink (nœud 0) qui à son tour le transmet vers le nœud destinataire (nœud 1).

2.2.1.1 Script

Pour obtenir le résultat souhaité, on doit utiliser les scripts ci-dessous avec les paramètres suivantes (énergie de transmission (tx) de valeur 0.5 Watt, énergie de réception (rx) de valeur 0.3 Watt, énergie consommé en état de sommeil (Sleep power) de l'ordre de 0.03 Watt et en état de ralentit (Idle Power) l'énergie consommé est de l'ordre de 0.05 Watt.

```
ti5.tcl (~/test/ieee-802.15.4/sink) - gedit
Ouvrir   Enregistrer   Annuler
ti5.tcl
set val(chan) Channel/WirelessChannel ;
set val(prop) Propagation/TwoRayGround ;
set val(netif) Phy/WirelessPhy/802_15_4 ;
set val(mac) Mac/802_15_4 ;
set val(ifq) Queue/DropTail/PriQueue ;
set val(ll) LL ;
set val(ant) Antenna/OmniAntenna ;
set val(ifqlen) 100 ;
set val(nn) 5 ;
set val(rp) AODV ;
set val(x) 1000;
set val(y) 500;
set val(stop) 500 ;
set val(energymodel) EnergyModel ;
set val(initialenergy) 100 ;

set ns [new Simulator]
set tracefd [open ti5.tr w]
set namtrace [open ti5.nam w]

$ns trace-all $tracefd
$ns namtrace-all $namtrace
set dist(40m) 1.20174e-07
Phy/WirelessPhy set CSThresh_ $dist(40m)
Phy/WirelessPhy set RXThresh_ $dist(40m)

Tcl    Largeur des tabulations: 8    Lig 9, Col 16    INS
```

Figure 6 Script avec 5 nœuds (point to Sink)

2.2.1.2 Résultat

L'exécution de ces scripts avec le simulateur ns2 va donner comme résultat les fichiers traces suivantes dont on trouve les quantités d'énergies consommé par chaque nœud au cours de temps du chaque protocole :

IEEE802.15.4	SMAC	TDMA

```
ti5.tr ✗
> 499.000000000 _3_ RTR --- 990 cbr 70
74.401992 et 24.725 es 0.000 et 0.207 e
[3:0 0:0 30 0] [247] 0 0
D 499.000025000 _3_ IFQ --- 990 cbr 70
74.401992 et 24.725 es 0.000 et 0.207 e
[3:0 0:0 30 0] [247] 0 0
N -t 499.001305 -n 1 -e 74.168476
N -t 499.001305 -n 0 -e 74.372233
N -t 499.001305 -n 3 -e 74.301560
N -t 499.001305 -n 4 -e 74.399579
N -t 499.004153 -n 1 -e 74.168009
N -t 499.004153 -n 2 -e 74.173012
N -t 499.004153 -n 3 -e 74.301445
N -t 499.004153 -n 4 -e 74.399464
r 499.005170000 _0_ AGT --- 989 cbr 70
74.372047 et 24.827 es 0.000 et 0.148 e
[2:0 0:0 30 0] [247] 1 0
N -t 499.011801 -n 0 -e 74.370886
N -t 499.011801 -n 2 -e 74.171851
N -t 499.011801 -n 3 -e 74.300284
N -t 499.011801 -n 4 -e 74.398302
N -t 499.014649 -n 1 -e 74.166121
N -t 499.014649 -n 2 -e 74.171736
N -t 499.014649 -n 3 -e 74.300168
N -t 499.014649 -n 4 -e 74.398187
r 499.015666000 _0_ AGT --- 988 cbr 70
74.370780 et 24.827 es 0.000 et 0.148 e
[1:0 0:0 30 0] [247] 1 0
```

```
ts5.tr ✗
N -t 499.270025 -n 0 -e 51.151849
N -t 499.276025 -n 4 -e 52.824249
N -t 499.319025 -n 1 -e 52.807949
N -t 499.319025 -n 2 -e 52.816749
N -t 499.319025 -n 3 -e 52.784149
N -t 499.319025 -n 4 -e 52.820949
r 499.319050000 _0_ AGT --- 990 cbr 70
51.126349 et 21.078 es 0.000 et 11.166
[3:0 0:0 30 0] [247] 0 0
N -t 499.365025 -n 3 -e 52.779099
N -t 499.365025 -n 2 -e 52.811699
N -t 499.365025 -n 1 -e 52.802899
N -t 499.365025 -n 0 -e 51.121299
N -t 499.376025 -n 1 -e 52.799599
N -t 499.376025 -n 2 -e 52.808399
N -t 499.376025 -n 3 -e 52.775799
N -t 499.376025 -n 4 -e 52.810399
N -t 499.387025 -n 3 -e 52.762899
N -t 499.387025 -n 2 -e 52.795499
N -t 499.387025 -n 1 -e 52.786699
N -t 499.387025 -n 0 -e 51.102899
N -t 499.430025 -n 1 -e 52.783399
N -t 499.430025 -n 2 -e 52.792199
N -t 499.430025 -n 3 -e 52.759599
N -t 499.430025 -n 4 -e 52.785599
r 499.430050000 _0_ AGT --- 991 cbr 70
51.097399 et 21.080 es 0.000 et 11.177
[4:0 0:0 30 0] [247] 0 0
```

```
td5.tr ✗
N -t 499.890000 -n 2 -e 83.247459
N -t 499.896000 -n 3 -e 83.247459
N -t 499.896000 -n 4 -e 83.247459
N -t 499.902000 -n 0 -e 83.089889
N -t 499.902000 -n 1 -e 83.247159
N -t 499.902000 -n 2 -e 83.247159
N -t 499.902000 -n 3 -e 83.247159
N -t 499.902000 -n 4 -e 83.247159
N -t 499.932000 -n 0 -e 83.088989
N -t 499.932000 -n 1 -e 83.246259
N -t 499.932000 -n 2 -e 83.246259
N -t 499.932000 -n 3 -e 83.246259
N -t 499.932000 -n 4 -e 83.246259
N -t 499.938000 -n 0 -e 83.088689
N -t 499.938000 -n 1 -e 83.245959
N -t 499.938000 -n 2 -e 83.245959
N -t 499.938000 -n 3 -e 83.245959
N -t 499.938000 -n 4 -e 83.245959
N -t 499.968000 -n 0 -e 83.087789
N -t 499.968000 -n 1 -e 83.245059
N -t 499.968000 -n 2 -e 83.245059
N -t 499.968000 -n 3 -e 83.245059
N -t 499.968000 -n 4 -e 83.245059
N -t 499.974000 -n 0 -e 83.087489
N -t 499.974000 -n 1 -e 83.244759
N -t 499.974000 -n 2 -e 83.244759
N -t 499.974000 -n 3 -e 83.244759
N -t 499.974000 -n 4 -e 83.244759
```

Figure 7 fichier trace du IEEE802.15.4

Figure 8 fichier trace du SMAC

Figure 9 fichier trace du TDMA

2.2.1.3 Tableau des valeurs

				IEEE5			
T	5	67	117	151	203	319	435
energy	100	96,468	93,877	92,127	89,454	83,55	77,634

				SMAC5			
T	5	67	117	151	203	319	435
energy	100	93,03	88,222	84,893	79,802	68,636	57,383

				TDMA5			
T	6	67	117	151	203	319	435
energy	99,771	97,71	96,032	94,877	93,13	89,207	85,258

2.2.1.4 Courbes

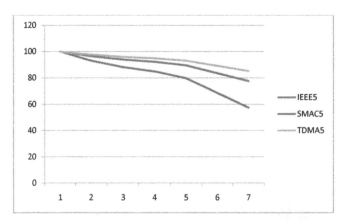

Figure 10 Courbe du premier scénario

2.2.1.5 Interprétation

On a déterminé l'énergie initiale dans toutes les simulations à 100 Watt.

Dans la courbe du TDMA(coloré en vert), l'énergie à t=0 est de 100 Watt décroit de plus en plus jusqu'à elle atteindre à T= 435s 85,258Watt.

Dans la courbe du IEEE802.15.4(coloré en bleu), l'énergie à T=0 est de 100 Watt décroit de plus en plus jusqu'à elle atteindre à T=435s 77,634 Watt .

Dans la courbe du SMAC(coloré en rouge) , l'énergie à T=0s est de 100Watt décroit de plus en plus jusqu'à elle atteindre 57,383 Watt à T=435 .

On peut conclure alors que le protocole TDMA est le meilleur puisqu'il consomme moins d'énergie qu'IEEE802.15.4 et SMAC qui est le moins conservant

2.2.2Simulation avec 10 nœuds

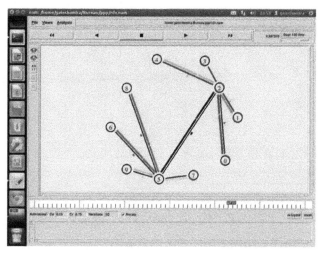

Figure 11 Architecture point to Sink avec 15 noeuds

Dans cette topologie les nœuds 0 et 5 sont considérés comme deux nœuds Sink, la communication entre les différents nœuds s'effectue par l'intermédiaire de ces derniers.

2.2.2.1 Script

Pour obtenir le résultat souhaité, on doit utiliser les scripts ci-dessous avec les paramètres suivantes (énergie de transmission (tx) de valeur 0.5 Watt, énergie de réception (rx) de valeur 0.3 Watt, énergie consommé en état de sommeil (Sleep power) de l'ordre de 0.03 Watt et en état de ralentit (Idle Power) l'énergie consommé est de l'ordre de 0.05 Watt.

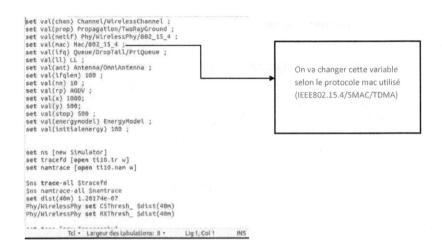

```
set val(chan) Channel/WirelessChannel ;
set val(prop) Propagation/TwoRayGround ;
set val(netif) Phy/WirelessPhy/802_15_4 ;
set val(mac) Mac/802_15_4 ;
set val(ifq) Queue/DropTail/PriQueue ;
set val(ll) LL ;
set val(ant) Antenna/OmniAntenna ;
set val(ifqlen) 100 ;
set val(nn) 10 ;
set val(rp) AODV ;
set val(x) 1000;
set val(y) 500;
set val(stop) 500 ;
set val(energymodel) EnergyModel ;
set val(initialenergy) 100 ;


set ns [new Simulator]
set tracefd [open ti10.tr w]
set namtrace [open ti10.nam w]

$ns trace-all $tracefd
$ns namtrace-all $namtrace
set dist(40m) 1.20174e-07
Phy/WirelessPhy set CSThresh_ $dist(40m)
Phy/WirelessPhy set RXThresh_ $dist(40m)
```

On va changer cette variable selon le protocole mac utilisé (IEEE802.15.4/SMAC/TDMA)

```
              Tcl ▾  Largeur des tabulations: 8 ▾      Lig 1, Col 1      INS
```

Figure 12 Scriptutilisé (voir annexe)

2.2.2.2 Résultat

L'exécution de ces scripts avec le simulateur ns2 va donner comme résultat les fichiers traces suivantes dont on trouve les quantités d'énergies consommé par chaque nœud au cours de temps du chaque protocole :

IEEE802.15.4	SMAC	TDMA
N ·t 499.006713 ·n 7 ·e 73.728392 N ·t 499.006713 ·n 8 ·e 73.882807 N ·t 499.006713 ·n 9 ·e 73.517226 r 499.087730000 _0_ AGT ··· 2227 cl [energy 73.797925 el 24.716 es 0.00 ······ [5:0 0:0 30 0] [247] 1 0 N ·t 499.013017 ·n 3 ·e 73.882097 N ·t 499.013017 ·n 2 ·e 73.841219 N ·t 499.013017 ·n 1 ·e 73.875555 N ·t 499.013017 ·n 0 ·e 73.796831 N ·t 499.013017 ·n 5 ·e 73.485794 N ·t 499.013017 ·n 6 ·e 73.605168 N ·t 499.013017 ·n 7 ·e 73.719297 N ·t 499.013017 ·n 8 ·e 73.801713 N ·t 499.013017 ·n 9 ·e 73.510132 N ·t 499.015865 ·n 1 ·e 73.875440 N ·t 499.015865 ·n 2 ·e 73.841104 N ·t 499.015865 ·n 3 ·e 73.881982 N ·t 499.015865 ·n 4 ·e 73.526152 N ·t 499.015865 ·n 5 ·e 73.485679 N ·t 499.015865 ·n 6 ·e 73.605053 N ·t 499.015865 ·n 7 ·e 73.719182 N ·t 499.015865 ·n 8 ·e 73.881597 N ·t 499.015865 ·n 9 ·e 73.510017 r 499.016082000 _0_ AGT ··· 2226 cl [energy 73.796645 el 24.716 es 0.00 ······ [4:0 0:0 30 0] [247] 1 0 Texte brut ▾ Largeur des tabulations:	☐ ts10.tr ✖ ☐ ti10.tr ✖ ☐ td10.tr ✖ N ·t 499.863025 ·n 2 ·e 28.304499 N ·t 499.863025 ·n 1 ·e 28.306899 N ·t 499.863025 ·n 0 ·e 25.710899 N ·t 499.863025 ·n 6 ·e 28.536699 N ·t 499.863025 ·n 7 ·e 28.523299 N ·t 499.863025 ·n 8 ·e 28.558099 N ·t 499.863025 ·n 9 ·e 28.531899 N ·t 499.874025 ·n 7 ·e 28.516399 N ·t 499.874025 ·n 5 ·e 24.127799 N ·t 499.874025 ·n 4 ·e 28.408399 N ·t 499.874025 ·n 3 ·e 28.382399 N ·t 499.874025 ·n 2 ·e 28.371599 N ·t 499.874025 ·n 1 ·e 28.373999 N ·t 499.874025 ·n 0 ·e 25.763999 N ·t 499.874025 ·n 9 ·e 28.518999 N ·t 499.917025 ·n 4 ·e 28.405099 N ·t 499.917025 ·n 3 ·e 28.379099 N ·t 499.917025 ·n 2 ·e 28.368299 N ·t 499.917025 ·n 1 ·e 28.378099 N ·t 499.917025 ·n 0 ·e 25.700699 N ·t 499.917025 ·n 6 ·e 28.520499 N ·t 499.917025 ·n 7 ·e 28.507099 N ·t 499.917025 ·n 8 ·e 28.533299 N ·t 499.917025 ·n 9 ·e 28.515699 r 499.917650000 _5_ AGT ··· 2188 cl 24.122299 el 16.249 es 0.000 et 17.8 [8:0 5:1 30 5] [246] 0 0 Texte brut ▾ Largeur des tabulations:	☐ ts10.tr ✖ ☐ ti10.tr ✖ ☐ td10.tr ✖ N ·t 499.890000 ·n 2 ·e 83.987192 N ·t 499.890000 ·n 3 ·e 83.987192 N ·t 499.890000 ·n 4 ·e 83.987192 N ·t 499.890000 ·n 5 ·e 83.746072 N ·t 499.890000 ·n 6 ·e 83.983565 N ·t 499.890000 ·n 7 ·e 83.983565 N ·t 499.890000 ·n 8 ·e 83.983565 N ·t 499.890000 ·n 9 ·e 83.983565 N ·t 499.950000 ·n 0 ·e 83.767629 N ·t 499.950000 ·n 1 ·e 83.985392 N ·t 499.950000 ·n 2 ·e 83.985392 N ·t 499.950000 ·n 3 ·e 83.985392 N ·t 499.950000 ·n 4 ·e 83.985392 N ·t 499.950000 ·n 5 ·e 83.744272 N ·t 499.950000 ·n 6 ·e 83.981765 N ·t 499.950000 ·n 7 ·e 83.981765 N ·t 499.950000 ·n 8 ·e 83.981765 N ·t 499.950000 ·n 9 ·e 83.981765 N ·t 499.950000 ·n 0 ·e 83.767329 N ·t 499.950000 ·n 1 ·e 83.985092 N ·t 499.950000 ·n 2 ·e 83.985092 N ·t 499.950000 ·n 3 ·e 83.985092 N ·t 499.950000 ·n 4 ·e 83.985092 N ·t 499.950000 ·n 5 ·e 83.743972 N ·t 499.950000 ·n 6 ·e 83.981465 N ·t 499.950000 ·n 7 ·e 83.981465 N ·t 499.950000 ·n 8 ·e 83.981465 N ·t 499.950000 ·n 9 ·e 83.981465 Texte brut ▾ Largeur des tabulations:
Figure 13 fichier trace du IEEE802.15.4	**Figure 14 Fichier trace du SMAC**	**Figure 15 Fichier trace du TDMA**

2.2.2.3 Tableaux des valeurs

SMAC10							
T	5	67	117	151	203	319	435
energy	99,736	89,156	81,567	76,69	68,839	51,294	33,905

IEEE10							
T	5	67	117	151	203	319	435
energy	100	96,264	93,544	91,708	88,945	82,833	76,797

TDMA10							
T	6	67	117	151	203	319	435
energy	99,775	97,777	96,234	95,061	93,36	89,588	85,853

2.2.2.4 Courbes

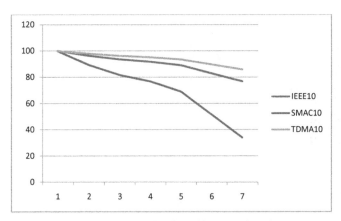

Figure 16 courbe du deuxième scénario

2.2.2.5 Interprétation

On a déterminé l'énergie initiale dans toutes les simulations à 100 Watt.

Dans la courbe du TDMA(coloré en vert), l'énergie à t=6s est de 99,775 Watt décroit de plus en plus jusqu'à elle atteindre à T= 435s 85,853Watt.

Dans la courbe du IEEE802.15.4(coloré en bleu), l'énergie à T=0 est de 100 Watt décroit de plus en plus jusqu'à elle atteindre à T=435s 76,797Watt .

Dans la courbe du SMAC(coloré en rouge) , l'énergie à T=5s est de 99,736Watt décroit de plus en plus jusqu'à elle atteindre 33,905 Watt à T=435 .

On peut conclure alors que le protocole TDMA est le meilleur puisqu'il consomme moins d'énergie qu'IEEE802.15.4 et SMAC qui est le moins conservant.

2.2.3Simulation avec 15 nœuds

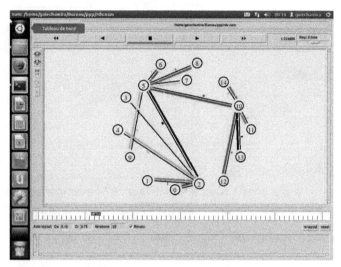

Figure 17 Architecture point to Sink avec 15 nœuds

Dans cette topologie les nœuds 0 ,5 et 10   sont considérés comme trois nœud Sink, la communication entre les différents nœuds s'effectue par l'intermédiaire de ces derniers.

2.2.3.1 Script

Pour obtenir le résultat souhaité, on doit utiliser les scripts ci-dessous avec les paramètres suivantes (énergie de transmission (tx) de valeur 0.5 Watt, énergie de réception (rx)   de valeur 0.3 Watt, énergie consommé en état de sommeil (Sleep power) de l'ordre de 0.03 Watt et en état de ralentit (Idle Power) l'énergie consommé est de l'ordre de 0.05 Watt. La communication entre les nœuds s'effectue avec le protocole UDP.

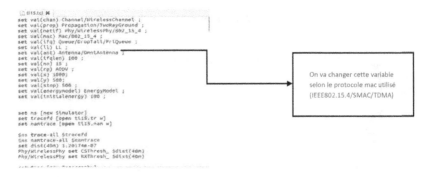

Figure 18 Script du IEEE802.15.4

2.2.3.2 Résultat

L'exécution de ces scripts avec le simulateur ns2 va donner comme
résultat les fichiers traces suivantes dont on trouve les quantités
d'énergies consommé par chaque nœud au cours de temps du chaque
protocole.

IEEE802.15.4	SMAC	TDMA
Figure 19 fichier trace du IEEE802.15.4	Figure 20 fichier trace du SMAC	Figure 21 fichier trace du TDMA

2.2.3.3 Tableaux des valeurs

SMAC15						
T	5	67	117	151	203	319	435
energy	100	93,03	88,222	84,893	79,802	68,636	57,383

IEEE15						
T	5	67	117	151	203	319	435
energy	100	96,156	93,364	91,479	88,817	83,45	77,457

TDMA15						
T	6	67	117	151	203	319	435
energy	99,759	97,805	96,181	95,113	93,429	89,715	86,002

2.2.3.4 Courbes

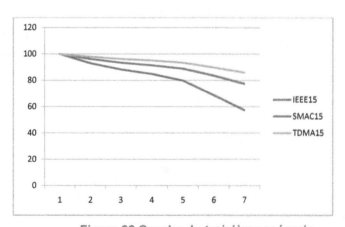

Figure 22 Courbe du troisième scénario

2.2.3.5 Interprétation

On a déterminé l'énergie initiale dans toutes les simulations à 100 Watt.

Dans la courbe du TDMA(coloré en vert), l'énergie à t=6s est de 99,759 Watt décroit de plus en plus jusqu'à elle atteindre à T= 435s 86,002Watt. Dans la courbe du IEEE802.15.4(coloré en bleu), l'énergie à T=0 est de 100 Watt décroit de plus en plus jusqu'à elle atteindre à T=435s 77,457Watt .

Dans la courbe du SMAC(coloré en rouge) , l'énergie à T=0s est de 100Watt décroit de plus en plus jusqu'à elle atteindre 57,383Watt à T=435 .

On peut conclure alors que le protocole TDMA est le meilleur puisqu'il consomme moins d'énergie qu'IEEE802.15.4 et SMAC qui est le moins conservant.

2.3   Architecture point à point

Le fonctionnement du protocole SMAC, TDMA et IEEE802.15.4 est déterminée par l'état actuel du réseau (point à point) et sur la base de leur consommation d'énergie. Dans ce contexte, nous avons mis en œuvre ces protocoles sur notre simulateur pour étudier leurs consommations d'énergie en fonction du temps dans l'architecture point à point. Cette étude sera présentée dans trois courbes représentant trois scénarios différents pour chaque protocole, allant d'un scénario à un autre, selon le nombre de nœuds de source.

Les trois scénarios sont représentés dans le tableau ci-dessous:

Scénario	Nombre des nœuds
Scénario1	5 nœuds (point à point)
Scénario2	10 nœuds (point à point)
Scénario3	15 nœuds (point à point)

2.3.1 Simulation avec 5 nœuds

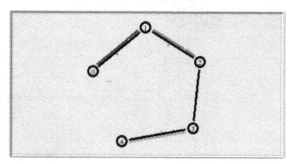

Figure 23 Architecture point à point avec 5 nœuds

La communication entre les différents nœuds s'effectue de la manière suivante : si le nœud 0 veut communiquer avec le nœud 4, cette dernier envoie le paquet vers nœud 1 qui à son tour l'envoie vers sa voisine (nœud 2) qui l'envoie de même vers sa voisine (nœud 3) jusqu'à l'arrivé au nœud dentinaire.

2.3.1.1 Script

Pour obtenir le résultat souhaité, on doit utiliser les scripts ci-dessous avec les paramètres suivantes (énergie de transmission (tx) de valeur 0.5 Watt, énergie de réception (rx) de valeur 0.3 Watt, énergie consommé en état de sommeil (Sleep power) de l'ordre de 0.03 Watt et en état de ralentit (Idle Power) l'énergie consommé est de l'ordre de 0.05 Watt.

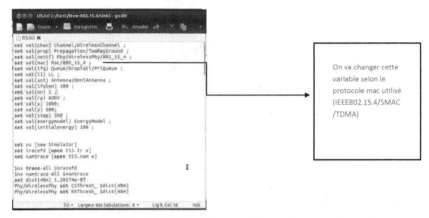

Figure 24 Script avec 5 nœuds

2.3.1.2 Résultat

L'exécution de ces scripts avec le simulateur ns2 va donner comme résultat les fichiers traces suivantes dont on trouve les quantités d'énergies consommé par chaque nœud au cours de temps du chaque protocole.

IEEE802.15.4	SMAC	TDMA
Figure 25 fichier trace du IEEE802.15.4	Figure 26 fichier trace du SMAC	Figure 27 fichier trace de TDMA

2.3.1.3 Tableau des valeurs

IEEE5						
T	5	67	117	151	203	319	435
sensor node							
IEEE5	100	96,657	94,003	92,364	89,609	83,844	77,977

SMAC5						
T	5	67	117	151	203	319	435
sensor node							
SMAC5	100	93,081	88,257	84,947	79,985	68,936	57,904

TDMA5						
T	5	67	117	151	203	319	435
sensor node							
TDMA5	99,816	97,726	96,057	94,91	93,168	89,268	85,34

2.3.1.4 Courbes

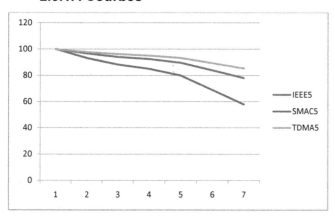

Figure 28 Courbe du premier scénario

2.3.1.5 Interprétation

On a déterminé l'énergie initiale dans toutes les simulations à 100 Watt.
Dans la courbe du TDMA(coloré en vert), l'énergie à t=0 est de 100 Watt
décroit de plus en plus jusqu'à elle atteindre à T= 435s 85,34Watt.

Dans la courbe du IEEE802.15.4(coloré en bleu), l'énergie à T=0 est de 100 Watt décroit de plus en plus jusqu'à elle atteindre à T=435s 77,977 Watt .

Dans la courbe du SMAC(coloré en rouge) , l'énergie à T=0s est de 100Watt décroit de plus en plus jusqu'à elle atteindre 57,904 Watt à T=435 .

On peut conclure alors que le protocole TDMA est le meilleur puisqu'il consomme moins d'énergie qu'IEEE802.15.4 et SMAC qui est le moins conservant.

2.3.2 Simulation avec 10 nœuds

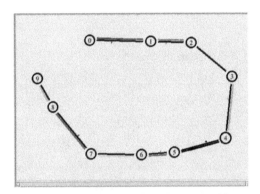

Figure 29 Architecture point à point avec 10 nœuds

Dans cette topologie point à point qui est constitué de dix nœuds, la communication entre les différentes nœuds s'effectuent de la même manière que celle dans la topologie avec 5 nœuds, chaque nœuds envoie le paquet à sa voisine jusqu'à son arrivé au nœud destinataire.

2.3.2.1 Script

Pour obtenir le résultat souhaité, on doit utiliser les scripts ci-dessous avec les paramètres suivantes : énergie de transmission (tx) de valeur 0.5 Watt, énergie de réception (rx) de valeur 0.3 Watt, énergie consommé en état de sommeil (Sleep power) de l'ordre de 0.03 Watt et en état de ralentit (Idle Power) l'énergie consommé est de l'ordre de 0.05 Watt.

```
set val(chan) Channel/WirelessChannel ;
set val(prop) Propagation/TwoRayGround ;
set val(netif) Phy/WirelessPhy/802_15_4 ;
set val(mac) Mac/802_15_4 ;
set val(ifq) Queue/DropTail/PriQueue ;
set val(ll) LL ;
set val(ant) Antenna/OmniAntenna ;
set val(ifqlen) 100 ;
set val(nn) 10 ;
set val(rp) AODV ;
set val(x) 1000;
set val(y) 500;
set val(stop) 500 ;
set val(energymodel) EnergyModel ;
set val(initialenergy) 100 ;


set ns [new Simulator]
set tracefd [open ti10.tr w]
set namtrace [open ti10.nam w]

$ns trace-all $tracefd
$ns namtrace-all $namtrace
set dist(40m) 1.20174e-07
Phy/WirelessPhy set CSThresh_ $dist(40m)
Phy/WirelessPhy set RXThresh_ $dist(40m)
```

Tcl ▾   Largeur des tabulations: 8 ▾   Lig 1, Col 1   INS

Figure 30 Script avec 10 nœuds

2.3.2.2 Résultat

L'exécution de ces scripts avec le simulateur ns2 va donner comme résultat les fichiers traces suivantes dont on trouve les quantités d'énergies consommé par chaque nœud au cours de temps du chaque protocole.

| tip10.tr ✖ | tsp10.tr ✖ | tdp10.tr ✖ |

```
------- [0:0 1:0 30 1] [247] 0 0      N -t 499.849025 -n 4 -e 25.107999   N -t 499.890000 -n 2 -e 83.926438
D 499.000025000 _1_ IFQ --- 2224 cbi  N -t 499.849025 -n 3 -e 25.110799   N -t 499.890000 -n 3 -e 83.926438
[energy 74.344821 et 24.776 es 0.000  N -t 499.849025 -n 2 -e 25.111999   N -t 499.890000 -n 4 -e 83.926438
------- [1:1 2:0 30 2] [247] 0 0      N -t 499.849025 -n 1 -e 25.253599   N -t 499.890000 -n 5 -e 83.926438
D 499.000025000 _7_ IFQ --- 2230 cbi  N -t 499.849025 -n 0 -e 26.248999   N -t 499.890000 -n 6 -e 83.926438
[energy 74.461619 et 24.779 es 0.000  N -t 499.849025 -n 8 -e 25.211999   N -t 499.890000 -n 7 -e 83.926438
------- [7:1 8:0 30 8] [247] 0 0      N -t 499.849025 -n 9 -e 27.950199   N -t 499.890000 -n 8 -e 83.926438
N -t 499.001305 -n 7 -e 74.411383     N -t 499.860025 -n 5 -e 25.181699   N -t 499.890000 -n 9 -e 84.011403
N -t 499.001305 -n 6 -e 74.419778     N -t 499.860025 -n 4 -e 25.195099   N -t 499.950000 -n 0 -e 83.985395
N -t 499.001305 -n 5 -e 74.435770     N -t 499.860025 -n 3 -e 25.097899   N -t 499.950000 -n 1 -e 83.924638
N -t 499.001305 -n 4 -e 74.394623     N -t 499.860025 -n 2 -e 25.099099   N -t 499.950000 -n 2 -e 83.924638
N -t 499.001305 -n 3 -e 74.438863     N -t 499.860025 -n 1 -e 25.240699   N -t 499.950000 -n 3 -e 83.924638
N -t 499.001305 -n 2 -e 74.365094     N -t 499.860025 -n 0 -e 26.236099   N -t 499.950000 -n 4 -e 83.924638
N -t 499.001305 -n 1 -e 74.294585     N -t 499.860025 -n 7 -e 25.093899   N -t 499.950000 -n 5 -e 83.924638
N -t 499.001305 -n 0 -e 74.312974     N -t 499.860025 -n 8 -e 25.199099   N -t 499.950000 -n 6 -e 83.924638
N -t 499.001305 -n 9 -e 74.358882     N -t 499.860025 -n 9 -e 27.937299   N -t 499.950000 -n 7 -e 83.924638
N -t 499.004153 -n 8 -e 74.180327     N -t 499.903025 -n 6 -e 25.185199   N -t 499.950000 -n 8 -e 83.924638
N -t 499.004153 -n 7 -e 74.411268     N -t 499.903025 -n 5 -e 25.178399   N -t 499.950000 -n 9 -e 84.009603
N -t 499.004153 -n 6 -e 74.419663     N -t 499.903025 -n 4 -e 25.191799   N -t 499.956000 -n 0 -e 83.985095
N -t 499.004153 -n 5 -e 74.435655     N -t 499.903025 -n 3 -e 25.094599   N -t 499.956000 -n 1 -e 83.924338
N -t 499.004153 -n 4 -e 74.394508     N -t 499.903025 -n 2 -e 25.095799   N -t 499.956000 -n 2 -e 83.924338
N -t 499.004153 -n 3 -e 74.438748     N -t 499.903025 -n 1 -e 25.237399   N -t 499.956000 -n 3 -e 83.924338
N -t 499.004153 -n 2 -e 74.364978     N -t 499.903025 -n 0 -e 26.232799   N -t 499.956000 -n 4 -e 83.924338
N -t 499.004153 -n 1 -e 74.294469     N -t 499.903025 -n 8 -e 25.195799   N -t 499.956000 -n 5 -e 83.924338
N -t 499.004153 -n 0 -e 74.312859     N -t 499.903025 -n 9 -e 27.933999   N -t 499.956000 -n 6 -e 83.924338
r 499.005170000 _9_ AGT --- 2231 cbi  r 499.903050000 _7_ AGT --- 2229 cb N -t 499.956000 -n 7 -e 83.924338
[energy 74.358697 et 24.827 es 0.000  25.087599 et 15.843 es 0.000 et 10.3 N -t 499.956000 -n 8 -e 83.924338
------- [6:1 9:0 30 9] [247] 1 0      [6:1 7:0 30 7] [247] 0 0           N -t 499.956000 -n 9 -e 84.009303
```

| Texte brut ▾ Largeur des tabulations: 8 | Texte brut ▾ Largeur des tabulations: 8 | Texte brut ▾ Largeur des tabulations: 8 |

Figure 31 fichier trace du IEEE802.15.4

Figure 32 fichier du trace du SMAC

Figure 33 fichier trace du TDMA

2.3.2.3 Tableaux de valeurs

IEEE10							
T	5	67	117	151	203	319	435
sensor node							
IEEE10	100	96,538	93,832	92,053	89,464	83,48	77,707

SMAC10							
T	5	67	117	151	203	319	435
sensor node							
SMAC10	99,736	89,156	81,567	76,69	68,839	51,294	33,905

TDMA10							
T	5	67	117	151	203	319	435
sensor node							
TDMA10	99,796	97,817	96,196	95,121	93,433	89,724	86,012

2.3.2.4 Courbes

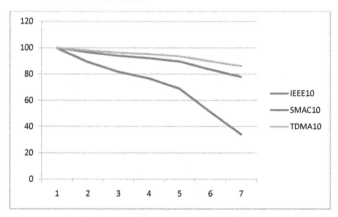

Figure 34 Courbe du deuxième scénario

2.3.2.5 Interprétation

On a déterminé l'énergie initiale dans toutes les simulations à 100 Watt.

Dans la courbe du TDMA(coloré en vert), l'énergie à t=5s est de 99.796 Watt décroit de plus en plus jusqu'à elle atteindre à T= 435s 86,012Watt. Dans la courbe du IEEE802.15.4(coloré en bleu), l'énergie à T=0 est de 100 Watt décroit de plus en plus jusqu'à elle atteindre à T=435s 77,707 Watt .

Dans la courbe du SMAC(coloré en rouge) , l'énergie à T=5s est de 99.736Watt décroit de plus en plus jusqu'à elle atteindre 33,905 Watt à T=435 .

On peut conclure alors que le protocole TDMA est le meilleur puisqu'il consomme moins d'énergie qu'IEEE802.15.4 et SMAC qui est le moins conservant.

2.3.3Simulation avec 15 nœuds

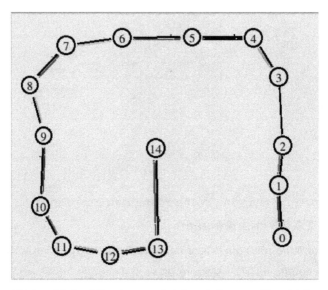

Figure 35 Architecture point à point avec 15 nœuds

Dans cette topologie point à point qui est constitué de quinze nœuds, la communication entre les différentes nœuds s'effectuent de la même manière que celle dans la topologie avec cinq nœuds, chaque nœuds envoie le paquet à sa voisine jusqu'à son arrivé au nœud destinataire.

2.3.3.1 Script

Pour obtenir le résultat souhaité, on doit utiliser les scripts ci-dessous avec les paramètres suivantes : énergie de transmission (tx) de valeur 0.5 Watt, énergie de réception (rx)   de valeur 0.3 Watt, énergie consommé en état de sommeil (Sleep power) de l'ordre de 0.03 Watt et en état de ralentit (Idle Power) l'énergie consommé est de l'ordre de 0.05 Watt.

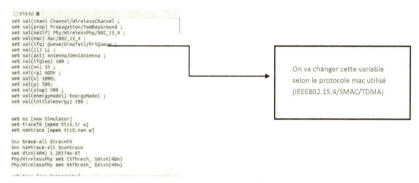

```
ti15.tcl ✖
set val(chan) Channel/WirelessChannel ;
set val(prop) Propagation/TwoRayGround ;
set val(netif) Phy/WirelessPhy/802_15_4 ;
set val(mac) Mac/802_15_4 ;
set val(ifq) Queue/DropTail/PriQueue ;
set val(ll) LL ;
set val(ant) Antenna/OmniAntenna ;
set val(ifqlen) 100 ;
set val(nn) 15 ;
set val(rp) AODV ;
set val(x) 1000;
set val(y) 500;
set val(stop) 500 ;
set val(energymodel) EnergyModel ;
set val(initialenergy) 100 ;

set ns [new Simulator]
set tracefd [open ti15.tr w]
set namtrace [open ti15.nam w]

$ns trace-all $tracefd
$ns namtrace-all $namtrace
set dist(40m) 1.20174e-07
Phy/WirelessPhy set CSThresh_ $dist(40m)
Phy/WirelessPhy set RXThresh_ $dist(40m)
```

On va changer cette variable selon le protocole mac utilisé (IEEE802.15.4/SMAC/TDMA)

Figure 36 Script avec 15 nœuds

2.3.3.2 Résultat

L'exécution de ces scripts avec le simulateur ns2 va donner comme résultat les fichiers traces suivantes dont on trouve les quantités d'énergies consommé par chaque nœud au cours de temps du chaque protocole.

IEEE802.15.4	SMAC	TDMA

Figure 37 fichier trace du IEEE502.15.4   Figure 38 fichier trace du SMAC   Figure 39 fichier trace du TDMA

2.3.3.3 Tableaux des valeurs

IEEE15						
T	5	67	117	151	203	319	435
sensor node						
IEEE15	100	96,591	94,04	92,257	89,727	83,882	78,051

SMAC15						
T	5	67	117	151	203	319	435
sensor node						
SMAC15	99,736	89,156	81,567	76,69	68,839	51,294	33,905

TDMA15						
T	5	67	117	151	203	319	435
sensor node						
TDMA15	99,807	97,824	96,243	95,18	93,527	89,891	86,209

2.3.3.4 Courbes

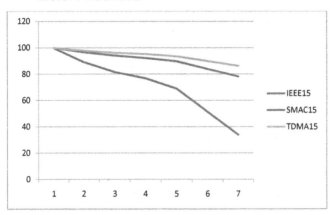

Figure 40 Courbe du troisième scénario

2.3.3.5 Interprétation

On a déterminé l'énergie initiale dans toutes les simulations à 100 Watt.

Dans la courbe du TDMA(coloré en vert), l'énergie à t=5s est de 99.807 Watt décroit de plus en plus jusqu'à elle atteindre à T= 435s 86,209Watt.

Dans la courbe du IEEE802.15.4(coloré en bleu), l'énergie à T=0 est de 100 Watt décroit de plus en plus jusqu'à elle atteindre à T=435s 78,051 Watt .

Dans la courbe du SMAC(coloré en rouge) , l'énergie à T=5s est de 99.736Watt décroit de plus en plus jusqu'à elle atteindre 33.905 Watt à T=435 .

On peut conclure alors que le protocole TDMA est le meilleur puisqu'il consomme moins d'énergie qu'IEEE802.15.4 et SMAC qui est le moins conservant

Conclusion

La durée de vie d'un réseau de capteurs est étroitement liée à la vie nodale. Cette dernière, dépend essentiellement de la consommation d'énergie du nœud. Nous avons présenté dans ce travail quelques approches de conservation d'énergie dans les réseaux de capteurs sans fil.

Le premier axe des techniques de conservation d'énergie vise à réduire le Duty-cycle des nœuds. Cela se traduit par la réduction de la durée de l'activité radio afin d'éviter toute surconsommation d'énergie due à la communication. Dans cette optique, plusieurs méthodes ont vu le jour soit sous forme de protocoles MAC à faible Duty-cycle ou bien sous forme de protocoles indépendants de niveau supérieur fondés sur des ordonnancements Sleep/Wakeup.

Le second axe s'intéresse à l'acquisition des données. En effet, un point intéressant est que plusieurs solutions protocolaires proposées dans la littérature supposent que la consommation d'énergie de la radio est plus élevée que celle due à l'échantillonnage ou au traitement de données. En revanche, de nombreuses applications réelles ont montré que la consommation d'énergie du détecteur est comparable, voire supérieure à la consommation nécessaire à la radio. En outre, l'échantillonnage peut requérir beaucoup de temps (comparé à la durée nécessaire pour les communications) ce qui se traduit par une consommation d'énergie très élevée. Certains travaux de recherche laissent à penser que la conservation d'énergie centrée sur l'acquisition de données n'a pas encore été pleinement analysée. Cela ouvre la voie au développement de techniques pratiques pour réduire la consommation d'énergie des capteurs.

Dans le dernier axe, nous avons évoqué les méthodes centrées sur la mobilité des nœuds relais ou bien des puits de données. Il existe un intérêt croissant pour ce type d'approches car si certaines applications pratiques envisagent des déploiements moins denses, alors pour des raisons d'efficacité et de robustesse, les protocoles de communication peuvent exploiter de façon appropriée la mobilité des nœuds collecteurs.

Il existe bien évidemment beaucoup d'autres techniques de conservation d'énergie. Par exemple, les paradigmes émanant de l'auto-organisation des systèmes, les mécanismes cross-layers et d'autres protocoles indépendants de niveau réseau ou de niveau application.

Bibliographie

[1]Pujolle G., « Les réseaux Editions 2005 », éditions Eyrolles, 2005.

[2]Zheng J., Myung L., « Will IEEE 802.15.4 make ubiquitous networking a reality ? », The city college of CUNY, IEEE Communications Magazine, juin 2004.

[3]Akyildiz I., Su W., Sankarsubramaniam Y., Cayirci E., «A Survey on Sensor Networks», Georgia Institute of Technology, IEEE Communications Magazine, Aout 2002.

[4]Holger K., Willig A., « A short survey of wireless sensor networks », Technical university Berlin, Telecommunication Networks Group, Octobre 2003.

[5]Culler D., Estrin D., Srivastava M., « Overview of sensor networks », University of California, Berkeley, IEEE Computer Society, Aout 2004.

[6]Fleury E., Chelius G., Mignon T., « minimisation de l'énergie dans les réseaux de capteurs », Laboratoire CITI/INSA de Lyon, 2003.

[7]Demirkol I., Ersoy C., Alagöz F., « MAC Protocols for Wireless Sensor Networks: a Survey », 2003

[8]Lwakabamba B., « Performance analysis experiments for the wireless sensor networks integrated into the C6 virtual reality environment », Iowa State University, 2004.

[9]Heidemann J., Ye W., Estrin D., « An Energy-Efficient MAC Protocol for Wireless Sensor Networks », IEEE Infocom, Juin 2002.

[10] Van Dam, Langendoen K., « An Adaptive EnergyEfficient MAC Protocol for Wireless Sensor Networks », Faculty of Information Technology and Systems, Delft University of Technology, Pays-Bas, 2003.

[11]Ye W., Heidmann J., « Medium Access Control in Wireless Sensor Networks", USC/ISI Technical Report ISI-TR-580, Octobre 2003.

[12]Decotignie J. D., El-Hoiydi A., Enz C., Le Roux E., « WiseMAC, an Ultra Low Protocol for the WiseNET Wireless Sensor Network », ACM SenSys'03, Los Angeles, USA, Novembre 2003.

[13] El-Hoiydi A., Decotignie J.D., « WiseMAC : An Ultra low power MAC Protocol for the downlink of Infrastructure Wireless Sensor Networks », IEEE Symposium on Computers and Communication, pages 244-251, Egypte, Juin 2004.

[14]Van Hoesel L.F.W., Havinga P.J.M., « A Lightweight Medium Access Protocol (LMAC) for Wireless Sensor Networks: Reducing Preamble Transmissions and Transceiver State Switches », INSS, Japan, Juin 2004.

[15]Rajendran V., Obraczka K., Garcia J.J., « Energy-efficient, Collision-Free Medium Access Control for Wireless Sensor Networks", ACM Sensys'03, Los Angeles, Novembre 2003.

[16]Delye de Mazieux A., Gauthier V., Marot M., Becker M., « Etat de l'art sur les réseaux de capteurs », Rapport de recherche INT N_05001RST, UMR5157 SAMOVAR, Institut National des Télécommunications, Evry, France.

[17]Van Dam J. M., « An Adaptive Energy-Efficient MAC Protocol for Wireless Sensor Networks », Master thesis, TU Delft, Juin 2003.

[18]T Ryan Burchfield, S Venkatesan, and Douglas Weiner.Maximizing throughput in zigbee wireless networks through analysis, simulations and implementations. In Proc. Int. Workshop Localized Algor. Protocols WSNs, pages 15–29.Citeseer, 2007.

[19]Azizi. R " Comparative Study of Transport Protocols in WSN" in International Journal of Computer Applications (0975 – 8887) Volume 113 – No. 6, March 2015

[20] Azizi. R " Energy Consumption and Fault Tolerance in the MAC Protocols for WSN" in Journal of Computer and Communications (118-130) Volume 3, Number 6, June 2015

[21] Azizi. R " Comparative study of several MAC protocols proposed in WSN " Journal of Wireless Sensor Networks (JWSN) Volume 2, Juillet 2015